अनाहत

AF103245

तुषार दुबे

BlueRose ONE.com
Stories Matter
NewDelhi • London

BLUEROSE PUBLISHERS
U.K.

Copyright © Tushar Dubey 2024

All rights reserved by author. No part of this publication may be reproduced, stored in a retrieval system or transmitted in any form or by any means, electronic, mechanical, photocopying, recording or otherwise, without the prior permission of the author. Although every precaution has been taken to verify the accuracy of the information contained herein, the publisher assumes no responsibility for any errors or omissions. No liability is assumed for damages that may result from the use of information contained within.

BlueRose Publishers takes no responsibility for any damages, losses, or liabilities that may arise from the use or misuse of the information, products, or services provided in this publication.

For permissions requests or inquiries regarding this publication, please contact:

BLUEROSE PUBLISHERS
www.BlueRoseONE.com
info@bluerosepublishers.com
+4407342408967

ISBN: 978-93-6783-068-0

Cover design: Daksh
Typesetting: Tanya Raj Upadhyay

First Edition: November 2024

अनाहत

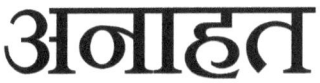

1.

तुझसे आखिरी बार मिलने जा रहा हूँ
थाली में दिया सजा कर रखना माँ मैं तिरंगे में लिपट कर आ रहा हूँ

जानता हूँ... आज तू मुझसे होगी नाराज़
आज फिर नींद से मुझे जगाने देगी तू आवाज़
चाहेगी तू बोलू कुछ मैं, तेरे कान कुछ तो सुने मेरे अल्फ़ाज़
पर जागू कैसे माँ... मैं तो भारत माँ के गोद में सोने जा रहा हूँ
थाली में दिया सजा कर रखना माँ मैं तिरंगे में लिपट कर आ रहा हूँ

जानता हूँ ..मेरी बेटी मुझे न पाकर जरूर रोयेगी
उसकी मासूम नज़रें हर तरफ बस अपने बाबा को ही ढूंढेगी
ध्यान रहे.जब वो नए कपड़ों के लिए ज़िद करे मेरी वर्दी उसे पहना देना
डर कर जब नींद से जागे तो लोरी नहीं मेरी शहादत की कहानी सुना देना
मैं अपनी ये अमानत अब तुम्हे सौपे जा रहा हूँ
थाली में दिया सजा कर रखना माँ मैं तिरंगे में लिपट कर आ रहा हूँ

जानता हूँ मेरी प्रिये मुझसे आज मुझसे खूब लड़ेगी
उसकी पथराई आंखे बस मुझसे एक ही सवाल करेगी
अरे!!! इतने महंगे कपड़ों की खरीदारी क्यों कर ली
ऐसा भी शौक!!! तिरंगा पहनने क लिए अपनी जान ही खर्च दी
आज आखरी बार उसकी उसकी हर शिकायत सुनने आ रहा हूँ
थाली में दिया सजा कर रखना माँ मैं तिरंगे में लिपट कर आ रहा हूँ

वादा है तुझसे कभी तो मैं वापस आऊंगा

जो कर्ज़ बाकि हैं तेरे.. वो ज़रूर किसी और जनम में चुकाऊंगा

जो ख़ुशी न दे पाया इस बार , वादा है अगली बार वो सब तुमको दिलवाऊंगा

ये जनम तो देश का हुआ , पर अगला जनम सिर्फ तुम लोगों के लिए बिताऊंगा

पर आज न रोकना मुझे, मैं तो बस तुझसे अपनी इस नयी यात्रा का विजय तिलक करवाने आ रहा हूँ

थाली में दिया सजा कर रखना माँ मैं तिरंगे में लिपट कर आ रहा हूँ..

2.

वक़्त भी बढ़ अजीब मंज़र दिखा रहा है
जो लाल जोड़े में सजा कर लाया था मुझे, वो खुद आज तिरंगे में सज कर आ रहा है...1

कुछ ही तो वक़्त हुआ !!! शहनाइयों की गूंज से कहानी हमारी शुरू हुई थी
कितने सपने देखे थे इन आँखों ने, जब हाथों की मेहंदी लाल हुई थी
नहीं सोचा था ....वो गूंज शहनाइयों की गोलियों में बदल जाएगी
पता नहीं था !!! मेरी लाल चूड़ियां कलाइयों का साथ इतनी जल्द छोड़ जाएँगी
मांग जिसने भरी थी मेरी , वो खुद आज शाहदत का विजय तिलक किए आ रहा है
जो लाल जोड़े में सजा कर लाया था मुझे, वो खुद आज तिरंगे में सज कर आ रहा है...2

कुछ ही तो वक़्त हुआ... जब रोज़ लम्बी बातें हुआ करती थी
शरहद पे ज़रूर थे तुम, पर सपनो में तो रोज़ तुमसे मुलाकात होती थी
जल्दी आऊंगा.... इस बार तुमने ये वादा किआ था
पर तुम न आए!!! इस बार दरवाज़े पर कोई और तुम्हारी वर्दी हाथ में लिए खड़ा था
मेरा दिल था जिसके पास , वो तो अपना दिल वतन पर लुटा कर आ रहा है
जो लाल जोड़े में सजा कर लाया था मुझे, वो खुद आज तिरंगे में सज कर आ रहा है...3

वादा है... मैं एक आंसूं भी न बहाऊँगी
शहीद की बीवी हूँ मैं!! उसकी शाहदत को ऐसे न लजाउँगी
उन सात वचनों की कीमत मैं भी वतनपरस्ती से निभाऊंगी
तेरे नाम का सिन्दूर न सही पर इस देश की मिटटी अपनी मांग में सजाऊंगी
बहुत हुई बातें अब!!! जरा थोड़ा सज लेती हूँ !!!
मेरा सपनों का राजकुमार मुझसे मिलने आखिरी बार जो आ रहा है
गर्व से कहती हूँ मैं !!! जो मुझे लाल जोड़े में सजा कर लाया
वो खुद आज तिरंगे में सज कर आ रहा है....

3.

अपनी हिम्मत आज दुनियाँ को दिखाऊंगा
खुश हूँ... फिर मेरे बेटे से सजे तिरंगे को मैं कन्धों पे उठाऊंगा 1

बढ़ा ज़िद्दी था वो!!! किसी की कहा सुनता था
बच्चे मिटटी में खेलते थे जब ...वो वतन के लिए मिटटी में मिलने के सपने बुनता था
हमउम्र जब कांच दे देख खुद की ख़ूबसूरती को निहारता था
ये मेरा लाल खुद के ऊपर वर्दी देखने के सपने को संवारता था
आज उसके बचपन के दीवानगी की कहानी दुनियां को बताऊंगा
खुश हूँ फिर मेरे बेटे से सजे तिरंगे को मैं कन्धों पे उठाऊंगा..2

वक़्त आया जब सितारों ने उसके कंधो को सजाया था
सदे हुए कदमों ने उसे वो अंतिम पग को पार करवाया था
आज उसके हाथों में लड़की का नहीं फौलाद का हथियार था
यकीं नहीं हुआ मेरा लाल सरहद पर जाने को तैयार था
ये न सोचों में उसके जाने पे आंसूं बहाऊँगा
अरे!!! मैं तो खुश हूँ... फिर मेरे बेटे से सजे तिरंगे को मैं कन्धों पे उठाऊंगा..3

झूठ नहीं बोलूंगा उसके ब्याह के सपने तो सजाए थे
मेरे राजकुमार के लिए दुनियां भर से राजकुमारियों के रिश्ते मंगवाए थे
हमे क्या पता था वो हम बिना बताये अपनी मेहबूबा ढूंढ लाएगा
हमे क्या पता था ...वो तिरंगे मैं दूल्हा बन शहादत को ब्याह लाएगा

मातम नहीं, आज तो इस लम्हे का जश्न मैं मनाऊंगा
खुश हूँ फिर मेरे बेटे से सजे तिरंगे को मैं कन्धों पे उठाऊंगा..4

हर किसी के मुक्कदर में ये नज़ारा नहीं होता है
आँखों में आंसू पर पर चहरे पर एक नूर होता है
क्या मंज़र होता है ...जब हवा में वो वतनपरस्ती का सुरूर होता है
साहेब !!!!शहीद का बाप होने का अलग ही गुरूर होता है
हिम्मत बहुत दिखा ली... पर सच कहूं ...अकेले मैं एक आखिरी बार तो उसे गले लगाऊंगा
पर खुश हूँ फिर मेरे बेटे से सजे तिरंगे को मैं कन्धों पे उठाऊंगा

4.

मेरी माँ के गौरव के लिए अपना शीश भी कटाता हूँ
डर भी मुझसे डरता है !!!! मैं वो हूँ जो तिरंगे का कफ़न ओढ़ता हूँ

हिमालय भी कांप जाता है जब मैं हुंकार भरता हूँ
समंदर भी खमोश हो जाता है जब तूफानों को मैं चीरता हूँ
आसमान की क्या बिसात मेरी रवानगी से वो भी शर्मा जाता है
मेरे कंधो की सितारों की चमक में वो चाँद फीका हो जाता है
अँधेरे की क्या बिसात मेरे आगे !!! मैं सूरज बन चमकता हूँ
डर भी मुझसे डरता है !!!! मैं वो हूँ जो तिरंगे का कफ़न ओढ़ता हूँ

तपती रेत नहीं ये तो माँ की गोद सा सुकून देती है
ये सफ़ेद बर्फ की चादर उसके आंचल का अहसास देती है
ये न पूछो मैं कैसे यहाँ जीता हूँ
अमृत का स्वाद कैसे बताऊ !!! ये तो वही जाने जो देशभक्ति का अमृत पीता है
मैं वो दीवाना हूँ जो बस माँ के गौरव के लिए जीता हूँ
डर भी मुझसे डरता है !!!! मैं वो हूँ जो तिरंगे का कफ़न ओढ़ता हूँ

मानता हूँ मेरे घर में एक माँ हर वक़्त दरवाज़े को देखती है
जानता हूँ कोई है जो मेरे नाम का सिन्दूर मांग में भर्ती है
कंधे झुक गए है उनके जिन्होंने मुझे कंधो पे उठाया था
अरसा हो गया जब मैंने मेरी बेटी को बिठाया था
आसुंओं को मेरे मैं इन आँखों में है कैद रखता हूँ

डर भी मुझसे डरता है !!!! मैं वो हूँ जो तिरंगे का कफ़न ओढ़ता हूँ

ज़िन्दगी से ज्यादा कुछ उम्मीद नहीं बस ये तिरंगा हमेशा ऊँचा रहे
मौत का डर क्या !!! चाहता हूँ देश पर हर गोली के आगे सीना मेरा रहे
सपना है !!! देश की मिटटी से बना हूँ इसी मिटटी में मिल जाऊंगा
तेरा लाल हूँ भारत माँ तुझे कभी नहीं लजाऊँगा
अलग ही शान होती है साहेब !! जब वर्दी पेहेन मैं निकलता हूँ
डर भी मुझसे डरता है !!!! मैं वो हूँ जो तिरंगे का कफ़न ओढ़ता हूँ

5.

मेरे लाल जोड़े की कीमत तिरंगे से कभी ज्यादा न होगी
शान से जाओ तुम !!!! जानती हूँ सरहदों को इस देहलीज़ से तुम्हारी ज़रूरत ज्यादा होगी

सुनो!!! क्या होगा मेरा ये मन में कभी न लाना
सरहदों पर तुम शेर बन दहाड़ना!!!! रूह कांपे दुश्मनों की ऐसे तुम उसे ललकारना
सुनो !!!!! वतन की हिफाज़त के लिए पैर बढ़ने में कभी न हिचकिचाना
सुनो !!!!! देश के तरफ आने वाली हर गोली तुम सीने पर ही खाना
तुम्हारे फ़र्ज़ के आगे ये चुटकी भर सिन्दूर की बेड़ियाँ कभी नहीं होंगी
मेरे लाल जोड़े की कीमत तिरंगे से कभी ज्यादा न होगी

सुनो !!! ये हाथ चूड़ियों से भरें !!! पर कमजोर नहीं है
अबला कही जाऊ!!!!!! अब ये वो दौर नहीं है
दुनियां से लड़ना अब मैं जानती हूँ
होंसला ऐसा !!! खुद को तुमसे कम नहीं मानती हूँ
वचन है तुम्हारी दुल्हन दुनिया के आगे कभी कमज़ोर न होगी
जानती हूँ !!! मेरे लाल जोड़े की कीमत तिरंगे से कभी ज्यादा न होगी

फ़िक्र न करना !!! उन बूढ़े कंधों का मैं सहारा बनूँगी
इन छोटी चमकती आँखों में नए सपने मैं गढूँगी
तुम देश की रखवाली की जिम्मेदारी बेखौफ उठाना
मेरे रहते महफूज़ रहेगा ये तुम्हारा ये घराना

मेरे रहते कोई आंख तुम्हारे अपनों पर नहीं उठेगी
जानती हूँ !!! मेरे लाल जोड़े की कीमत तिरंगे से कभी ज्यादा न होगी

सुनो !!! मैं इंतज़ार करूंगी तुम्हारा
देखना है मुझे तुम्हारी वर्दी में जड़ा वो नया सितारा
तुम्हारी याद तो जरूर आएगी
पर वादा !!! तुम्हरी दुल्हन अपनी गीली ऑंखें किसी को नहीं दिखयेगी
तुम्हारे सरहद जाने का दर नहीं मुझे !!! भरोसा है जीत कर ही आओगे
या तो तुम तिरंगा फेहराओगे !!! या उसी में लिपट जाओगे
अकेले नहीं हो तुम !!! मेरी मोह्हबत हिम्मत बन तुम्हारे लहुं में बहेगी
जानती हूँ !!! मेरे लाल जोड़े की कीमत तिरंगे से कभी ज्यादा न होगी

6.

सीने पर गोली झेल वो वर्दी वाला देश की सरहदों को बचाता है
तुम्हारा घर रहे रोशन इसलिए किसी के घर का चिराग न्योछावर हो जाता है
कोःख से जनम दिया जिसे वो गुदड़ी का लाल तिरंगे में लिपट कर आता है
कलाइयां चमकती रहे तुम्हरी इसलिए उसकी प्रिय की कलाइयां सुनी कर जाता है
एहसान कैसे चुकाए कैसे उसका ??? उसके दम पर ये देश भारत भाग्य विधाता गाता है

पकवानों की खुशबू मिलती है तुम्हे जब वो बंज़र जमीं पर हल चलाता है
तुम्हारी रसोई चलाने वो मिटटी में अपना खून पसीना मिलाता है
चूल्हा जले तुम्हरा इसलिए वो खुद को धुप में जलाता है
तुम पेट भर सो जाओ इसलिए वो अन्नदाता भूखा सो जाता है
तुम ही बताओ एहसान चुके कैसे उसका ??? उसके दम पर ये देश भारत भाग्य विधाता गाता है

जो दुनियां समझ न सके उसे समझने वो अपनी ज़िन्दगी बिताता है
ये दुनियां की क्या बिसात उसके रहते हिंदुस्तान चाँद पर भी परचम लहराता है
उसके त्याग की क्या कहानी कहे जो मेहनत से अपनी कितनों को ज़िन्दगी दे जाता है
महलों की आस नहीं रहती उसे वो तो बस ज्ञान फ़ैलाने में सुकून पाता है
हमारी क्या बिसात उस विज्ञान के आगे ??? उसके दम पर ये देश भारत भाग्य विधाता गाता है

इनका त्याग इनका बलिदान

इनकी मेहनत इनका ज्ञान

इस देश को महान बनाता है

इनके ऋणी है हम इनके आज ये गणत्रंत्र " जय जवान जय किसान जय विज्ञान " का नारा लगाता है

7.

वो हमारी एक और बेटी को ले गए
क्या किआ हमने... हम तो बस मोमबत्तियां जलाते रह गए..1

हिंदुस्तान की हवाओ में फिर गुंजी थी एक बेटी की चीत्कार
फिर हुआ उसका शील भंग फिर हुई थी तो वो लाचार
अब क्या रोष दिखा रहे हो..... उस वक़्त किसी ने क्यों नहीं सुनी थी उसकी मदत की गुहार
अब क्या नारे लगा रहे हो... वक़्त रहते उन भेड़ियों को क्यों नहीं दी ललकार
आज भारत की अस्मिता पर वो फिर दाग लगा गए
क्या किआ हमने....हम तो बस मोमबत्तियां जलाते रह गए

थी वो अकेली किसी ने न की थी उस पर दया
क्या उसकी मदत की तुमने... नही... बस एक नाम दे दिया "अभया"
क्या हुआ उसके इंसाफ का, क्या उसका न्याय उसे मिल गया
अरे....वक़्त की धुल चढ़ते ही फिर से समाज मुँह सील गया
हमारी इस सीस से उन दरिंदो के मंसूबे और मजबूत हो गए
क्या किआ हमने, हम तो बस मोमबत्तियां जलाते रह गए

वक़्त आ गया है.... करना होगा कुछ ऐसा जब बेटियां वतन में महफ़ूज़ महसुस करे
वक़्त आ गया है.... करना होगा कुछ ऐसा जिससे सुनसान रास्तों को देख को वतन की बेटियां न डरे

वक़्त आ गया है.. .. करना होगा कुछ ऐसा जब किसी की नज़रें हमरी बेटियों की इज़्ज़त पर न गिरे

यही वक़्त है जाग जाओ… कही तारीख हमारी नस्लों को ये गवाही न दे जाए

क्या किआ हमने, हम तो बस मोमबत्तियां जलाते रह गए..

8.

फिर शर्मसार हो गए हम
न बचा सके उसकी आबरू को धिक्कार है इतने लाचार हो गए हम

आज शब्द भी निकलने से डर रहे है
बताने वृतांत उस दरिंदगी का वो भी आज लड़खड़ा रहे है
उस मंज़र को सुन मेरे कान भी पथरा जाते है
रात के सन्नाटे उसकी चीखो का अहसास मुझे करवाते है
जब उसे बेज़ुबान बना दिए तो अब कैसे रहे हमारे आवाज़ में दम
न बचा सके उसकी आबरू को धिक्कार है इतने लाचार हो गए हम

अब सर पता नहीं क्यों झुका सा रहता है
चाह कर भी अब सीधा चला न जाता है
ये कौनसा बोझ है जिसके तले हमारा ज़मीर दबा जा रहा है
क्यों आज अंतरात्मा हमे अपराध बोध करा रहा है
टूटने का जो दर्द सहा बेटी ने अब वो दर्द सेह रहे है हम
न बचा सके उसकी आबरू को धिक्कार है इतने लाचार हो गए हम

क्यों होता है इस देश में ऐसा में नहीं समझ पाता हूँ
उत्तर खोजने जाऊ जब एक और प्रश्न लेकर वापस आता हूँ
जाती कभी धर्म कभी किसी के पगलपन की भेट एक बेटी चढ़ जाती है
उसकी चीता ठंडी भी नहीं होती एक और बेटी की आबरू लूट जाती है
नारी का अपमान हो ये कैसा समाज गढ़ रहे है हम
न बचा सके उसकी आबरू को धिक्कार है इतने लाचार हो गए हम

प्रण लो !! प्रण लो !! अब इस हिंदुस्तान में चीत्कार नहीं बेटी की किलकारी गूंजे

भले ही मज़बूत हो दरिंदों के गले पर अब उन सब पर हो फांसी के वो फंदे

रास्तें है मुश्किल पर चलो एक कदम तो उठाते है

अँधेरे भरे इन रास्तों पर आज आशा का एक दीप तो जलाते है

प्रण लो !! प्रण लो !! हैदराबाद हो या हिसार अब किसी बेटी की आँखों में डर के आंसू न आय

भारत माता गोद में अब कोई भी बेटी पैदा होने से न घबराए

मौका न दो वक़्त!!! वो कह सके की हिंदुस्तान को क्या बना गए हम

अब न कोई बेटी धिक्कार सके की क्यों इतने लाचार हो गए हम

9.

दुनियां की भीड़ से कुछ अलग हो जाऊ
सोचता हूँ मैं पत्थर बन जाऊ

आजकल इंसानों की कीमत कहाँ होती है
दिल सच्चे हो अगर आंखे उसकी गीली रहती है
मदत के उन हाथों को धोके की तपिश मिलती है
सच्चाई तो अब कोढ़ियों के दाम बिकती है
सोचता हूँ अपनी कीमत इस दुनियां में थोड़ी सी तो बढ़ाऊ
इंसान नहीं !!!! सोचता हूँ मैं पत्थर बन जाऊ

अब नहीं सुनता है कोई मदत की गुहार
राख हो जाती है बेटियां पर कम नहीं होता ये अत्याचार
बेशरम है हम उनकी लाज न बचा पाते है
वो अपनी लाज बचने लड़ती रहती और हम मंदिर में चुनर चढ़ाते है
कब तक उन सुनी आँखों से नज़रें चुराऊँ !!!! कब तक यूँ लाचारी में सर झुकाऊ
इसीलिए सोचता हूँ की मैं पत्थर बन जाऊ

ये दुनियां है साहेब!!! जो पत्थर का ही मोल करती है
भूका गिड़गिड़ाए कोई पर ये तो पत्थर को ही पकवान परोसती है
दिल की चमक फीकी होती जब ऊँगली में पत्थर की अंगूठी चमकती है
पत्थर के घरोंदों से ही अब इंसान की हैसियत तय होती है
कीमत बढ़ने अपनी किसी गहनों में जड़ जाऊ

सोचता हूँ की मैं पत्थर बन जाऊ

मैं वो पत्थर नहीं जो मज़हब के नाम पर फेका जायेगा
न ही वो बनूँगा जिसके सामने कोई सर झुकायेगा
पत्थर बनूँगा वैसा जो देश की नीव सम्हालेगा
बनूँगा पत्थर वो जो सरहद की हिफाज़त की दिवार बनाएगा
इंसान न सही पर ये पत्थर बन के अपनी बात दुनियां को समझायेगा
जिस ज़मीं पर पैदा हुआ हूँ कुछ तो उसके लिए कर जाऊ
इंसान बन न सही सोचता हूँ की मैं पत्थर बन जाऊ

10.

चेहरा मेरा ज़रूर जल गया है
तो क्या हुआ !!! मेरा मुक्कदर थोड़े बदल गया है..1

हुई थी मैं किसी की नफरत की शिकार
पता नहीं क्यों उसने रख था मेरे लिए अपने दिल में इतना गुबार
बताई थी मर्ज़ी अपनी , बस क्या इसीलिए मिला मुझे ये प्रतिकार
ऐसे इंसानों के ज़मीर ने क्या नहीं दिया होगा उसे धिक्कार
चलो ठीक है !!! कम से कम समाज का असली चेहरा मुझे दिख गया है
चेहरा जला है मेरा….. पर मेरा मुक्कदर थोड़े बदल गया है…2

ये मत समझो मेरी ख़ूबसूरती कम हो गयी है
चमड़ी जली है मेरी रूह थोड़े बदल गयी है
ज़िन्दगी की इस तपिश से ये मिटटी की गुड़िया अब फौलाद बन गयी है
मेरे हौसलों को नयी बुलंदियां मिल गयी है
ज़िन्दगी जितने का एक नया ज़स्बा मुझे मिल गया है
चेहरा जला है मेरा…. पर मेरा मुक्कदर थोड़े बदल गया है…3

मैं फिर अपने पंख फैलाउंगी
इस धुल से उठाकर फिर मैं एक लम्बी छलांग लगाउंगी
तारीख गवाही दे जिसकी ज़िन्दगी को एक ऐसी मिसाल बनाउंगी
अब नहीं रुकूंगी कभी, जो डर था वो अब निकल गया है
चेहरा जला है मेरा…. पर मेरा मुक्कदर थोड़े बदल गया है…4

11.

मेरे घर का आइना शायद मझसे झूठ कहता है
मैं तो हूँ दूसरों सा ही !!! फिर क्यों समाज मुझे अछूत कहता है

बापू के पसीने की कमाई अनाज घर में आता है
माँ का प्यार उस रोटी की मिठास बढ़ाता है
मुझे तो रोटियों में कोई अंतर समझ नहीं आता है
फिर क्यों ? हमारी रोटी खाने से लोगों को पाप चढ़ जाता है
समाज की नज़रों में क्यों मेरे लिए एक तिरस्कार रहता है
मैं तो हूँ दूसरों सा ही !!! फिर क्यों समाज मुझे अछूत कहता है

मंदिर के अंदर बैठा भगवान भी मुझे देख मुस्कुराता है
उसकी आँखों में जरा देखो !! वो मुझे भी अपने पास बुलाता है
समझ नहीं आता?? मेरा अस्तित्व क्यों लोगों की आँखों में खटक जाता है
जिसने मुझे पैदा किआ उसी के घर जाने से मुझे क्यों रोका जाता है
मेरे अंदर भी तो वो परमेश्वर आत्मा बन रहता है
मैं तो हूँ दूसरों सा ही !!! फिर क्यों समाज मुझे अछूत कहता है

कोई मुझे जाती का मतलब बस समझा दो
कोई कैसे बना ऊँचा कोई निचा बस ये मुझे बता दो
इस रूढ़िवादी सोच का ज़हर समाज में फ़ैल जाता जाता है
इस ज़हर में घुटकर ही कितनों के सपनों का दम निकल जाता है
क्यों समाज हमे गले लगाने से हिचकता है
मैं तो हूँ दूसरों सा ही !!! फिर क्यों समाज मुझे अछूत कहता है

जात न पूछो मेरी सिर्फ पूछो मेरा ज्ञान
मोल करो गुणों का मेरे जात का क्यों कराते हो मुझे भान
मैं भी एक दिन सूरज बन का चमचमाऊँगा
अपने हिम्मत के दम पर मै इज़्ज़त का ओहदा समाज में पाऊंगा
मुझे न अपनाकर समाज खुद को ही कमज़ोर करता है
मैं तो हूँ दूसरों सा ही !!! फिर क्यों समाज मुझे अछूत कहता

12.

तालियों की आवाज़ों तक ही हमारी पहचान सिमट जाती है
समाज का हिस्सा बनाने की हसरत उलाहनों के बवंडर में मिट जाती है

हम भी तो ऊपर वाले की औलाद होते है
हमारे भी मन में प्यार पाने की ख्वाब होते है
फिर क्यों हमे पैदा होते ही छोड़ दिया जाता है
दूसरे बच्चे पैदा होने पर नाचे जो , उसके पैदा होने पर क्यों घर में क्यों मातम छा जाता है
तो क्या हुआ हमारी शरीर अलग बनावट तुम आम लोगों से न मिल पाती है
हमे समझता नहीं कोई ,, बस तालियों की आवाज़ में हमारी पहचान सिमट जाती है

मानते है !!!! न नारी,, न सम्पूर्ण पुरुष होतें है हम
ये मुर्ख समाज क्या समझे अर्धनारीश्वर का साक्षात स्वरुप होतें है हम
क्यों हमे समाज में बराबरी का ओहदा नहीं मिल पाता है
क्यों हमारे वजूद को मज़ाक बना दिया जाता है
क्यों हमारी आवाज़ बस बधाइयों के गीतों तक रह जाती है
बस तालियों की आवाज़ में क्यों हमारी पहचान सिमट जाती है

एक बार हमे अपना कर तो देखो हम भी समाज का सम्मान बढ़ाएंगे
प्यार की मिठास बढ़एंगे हम समाज में हम तो दूध में चीनी की तरह घुल जायेंगे
हिजड़ा कहो या किन्नर पर अब ये कुछ कर के जरूर दिखाएगी

जिसने दुनियां के लिए मारी हो ताली अब दुनियां उसके काम पे ताली बजाएग

थोड़ा सा साथ चाइये तुम्हारा बस उसी की कमी मन को अंदर तक तोड़ जाती है

चाहे कुछ भी करे हम पर आज भी बस तालियों में हमारी पहचान सिमट जाती है

13.

बंज़र ज़मीं को चिर कर मैं तुम्हारा पेट पालता हूँ
किसान हूँ मैं मैं ही देश का अन्नदाता हूँ

न गद्दों का बिस्तर नसीब होता है
न ५६ पकवानों का थाल मेरे घर में सजता है
पानी ही नहीं ज़मीं को मेरा पसीना भी सींचता है
मेरी ईमानदारी का सबूत मेरे इन छालों वाले हाथों में दीखता है
चमक की दुनियां से से दूर मैं तो बस धरती की अंचल में सुकून पाता हूँ
किसान हूँ मैं मैं ही देश का अन्नदाता हूँ

सूरज की आग की फ़िक्र किसे होती है
सर्द रातें भी सहते हम तो दुनियां पेट भर चेन से सोती है
खुद की प्यास से पहले हमारी कौम धरती की प्यास बुझाती है
दूसरों का पेट पलने वाली ये कौम कभी कभी खुद भुकी सो जाती है
मिटटी की पैदाइश हूँ मैं मिटटी से ही मैं एपीआई पहचान पाता हूँ
किसान हूँ मैं मैं ही देश का अन्नदाता हूँ

क्यों मुझे अपने हक़ के लिए आवाज़ उठानी होती है
अनाज के बदले फांसी के फंदे !!!!! कौनसी क़ानूनी किताब ये सिखाती है
जो सबका पेट भरे वो क्यों अपनी किस्मत पे हमेशा रोता है
हमे भी जीने का हक़ दो " जय जवान जय किसान " नारे से कुछ नहीं होता है
मेरी मेहनत से ही मैं दुनियां को चलाता हूँ
किसान हूँ मैं मैं ही देश का अन्नदाता हूँ

14.

वतन में जो आग लगाता है वो न हिन्दू होता है न मुस्लमान
ताकत के गुरुर में चूर चंद खुदगर्ज़ है उनकी पहचान.....1

एक मिटटी की कोख से पैदा हुए भाई क्या अपने ही भाई का खून बहाएंगे
साथ खेले थे जिसके कभी क्या अब वो उसे ही नंगी तलवार दिखाएंगे
एक थाली में खाया साथ जिसके क्या उसके खून से अपने प्यास बुझाएंगे
हिन्दुस्तान के बेटे आपस में लड़ कर अपनी भारत माँ को लजायेंगे
मुठ्ठी भर है वो ...जो लड़ाते है भाइयों को बढ़ाने अपनी झूठी शान
वतन में जो आग लगाता है वो न हिन्दू होता है न मुस्लमान...2

क्या फरक है दोनों में... लहू तो दोनों का लाल है
क्यों लड़ते है किसी गैर के कहने पर... बस यही सबसे बढ़ा सवाल है
आपस मैं ऐसे मत लड़ो बन्दों .तुम्हारी एकता ही तो हिंदुस्तान के इज़्ज़त की ढाल है
एक ही मिट्टी से बने है सब फिर चाहे राम कहो यह रेहमान
वतन में जो आग लगाता है वो न हिन्दू होता है न मुस्लमान....3

हम सदियों से काबा और कैलाश के नाम पर लड़ रहे है
बहा के खून के मासूमों का वो लालची अपने मंसूबों में आगे बढ़ रहे है
कौम को बदनाम कर न जाने वो कौनसा नया इतिहास गढ़ रहे है
यहाँ इंसानियत गिरती जा रही है और वह उनके मंजूबे पहाड़ चढ़ रहे है
भगवे और हरे में क्यों बाटा जा रहा है तिरंगे का ये हिंदुस्तान
वतन में जो आग लगाता है वो न हिन्दू होता है न मुस्लमान....4

सच्चाई के लिए ही लड़े थे सब फिर चाहे वो कुरुक्षेत्र हो या कर्बला
पर क्या उन वीरों की शहादत का नतीजा क्या इस ज़मीं को कभी मिला
उसके बेटों को आपस में लड़ा कर इस वतन को लुटाने जारी रहा ये सिलसिला
कौम के नाम पर...धर्म पे नाम पर. अपनों का ही खून बहाना न गीता सिखाती है न सिखाती है कुरान
वतन में जो आग लगाता है वो न हिन्दू होता है न मुस्लमान...5

15.

वो झुर्रियों वाले हाथ आज क्यों अकेले है
पाला जिनको पेट काट कर आज वो "अपने " ही इनको क्यों भूले है

आज जो ऑंखें सूखी है कभी ये भी मुस्कुरायी थी
गोद में लिए था जब तुझे तो ये नासमझ ख़ुशी से भर आयी थी
नज़रें धुंधली है पर यादों में वही चमक बरक़रार है
झूठा दिलासा देती है वो अपने दिल को !!! उन बूढी आँखों को आज भी तेरे आने का इंतज़ार है
चलना सिखाया जिसने आज क्यों उसे कोई सहारे नहीं मिले है
वो झुर्रियों वाले हाथ फिर आज क्यों अकेले है

माँ की उस रसोई का चूल्हा कभी नहीं बुझता था
बच्चे की भूख का अहसास उस माँ से जयदा कौन समझता था
कभी सोचा है ??? बचपन में कोई तूफ़ान का अहसास क्यों नहीं होता था
देख ज़रा माँ का वो आँचल!!! तेरे आगे वो ढाल बना खड़ा होता था
दर्द में भी मुसुकारती रही वो !!!! उसने कभी न किए तुझसे कोई शिकवे कोई गीले है
वो झुर्रियों वाले हाथ फिर आज क्यों अकेले है

जिसके कन्धों पे बैठ तू दुनिया निहारता था
जिसके मज़बूतों हाथों को पकड़े तू आसमान छूने के सपने सजाता था
तेरी एक आवाज़ पर चाँद भी तेरी झोली में होता था
फरमाइशें हो कई पर उसका बटुआ तेरे लिए ख़ाली न होता था

आज वो मज़बूत कंधे किसी की आस में क्यों झुके हुए मिले है
वो झुर्रियों वाले हाथ फिर आज क्यों अकेले है

वो आँखों पर पढ़ी पट्टी खोल!!! देख तू क्या करने जा रहा है
दुनियां की झूठी चमक के पीछे वो अपना असली खज़ाना लुटा रहा है
तेरे मीठे दो बोल देख क्या जादू कर जायेंगे
जरा पास बैठ उनके ये दुआओं से तेरी ज़िन्दगी आबाद कर जायेंगे
होते नहीं हर किसी की किस्मत में !!! खुशनसीब है !!!!! जो माँ बाप मिले है
जा थाम ले उनको अब !!!! वो झुर्रियों वाले हाथ फिर आज अकेले है

16.

झूठी चमक की जादू में मदहोश सर उठा बढ़ते चले
न जान सके माँ की हालत उसके आंचल का रंग हम बदलते चले

पत्थरों की ऊंचाई बढ़ने का अजीब सा शौक हमने पाल लिआ
कालिख मिली हवा में ज़िंदा रहने खुद को हमने ढाल लिया
तुम्हारा घर तो नए रंगों से चमक रहा है
पर नज़रें झुकाओ धरती का आँचल बंजर बन रहा है
दिखावे की भूक में हम जलते चले
न जान सके माँ की हालत उसके आंचल का रंग हम बदलते चले

झरनों की आवाज़ क्या जाने जो पीढ़ी बोतल में बंद पानी पीती है
पक्षियों का कलरव क्या जाने वो जो एयरपोड कानों में लगा ज़िन्दगी जीती है
चाँद की रौशनी में भी ये धरती चमकती है
इन्हे क्या बताये वो मंज़र इनकी रातें तो पब में घुटते हुए निकलती है
मिली जो विरासत हमे उसे यूँ ही उजाड़ते चले
न जान सके माँ की हालत उसके आंचल का रंग हम बदलते चले

फूलों की वो खुशबू कही हल्की हो गयी
पत्तों पर इठलाती वो मोतियों की चमक भी धुंधली पड गयी
चिड़ियों का वो कलरव सुनाने अब कान तरस जाते है
दाना रखो देहरी पर फिर भी वो मेहमान अब क्यों नहीं आते है
अपनी लालच की भूक में धरती का सौंदर्य हम निगलते चले
न जान सके माँ की हालत उसके आंचल का रंग हम बदलते चले

जागना होगा हमे !!!!!!

न दाना न पानी मिल पायेगा

हवा में जो फैलाया है ज़हर हमने वो हमारे पीढ़ियों को लील जायेगा

इस माँ के प्यार का इतना फायदा न उठाओ

कुछ देर ठहरो इसकी कीमत अपने बच्चों को भी समझाओ

जो माँ अपना सीना चिर कर हमारा पेट पालती है

अगर क्रोध में फट पढ़े वो पूरी नसल वो निगल जाती

ये न बोल पीढ़िया की हम नशे चूर बस बहकते चले

न जान सके माँ की हालत उसके आंचल का रंग हम बदलते चले

17.

गुरुर न कर इस दुनिया में हम सब भिखारी है
हाथ फ़ैलाने की आज मेरी!!!! तो कल तेरी बारी है

ज़िन्दगी कई मौके देती है सम्हालने को
दिखती है राह !!!! वक़्त देती है खुद को बदलने को
तेरे दिमाग पर छाया अजीब सा सुरूर होता है
शराब को बदनाम न कर !!!! नशा तो तेरे गुरुर का होता है
चैन की नींद पाने की तेरी जद्दोदहत हर रात जारी है
फिर भी गुरुर करता है !!!! अरे हम सब यहाँ भिकारी है

ये किसे ताकत दिखाता है
कुए का मेंढक बन देख!!!!! कितना तू इतराता है
तेरे जैसे कितनों का वजूद मिट्टी में मिल गया है
मुट्ठी बंद कर इस दुनिया में आने वाला!!! खाली हाथ ही यहाँ से गया है
बस एक कठपुतली है तू !! वक़्त के हाथ जिसकी डोरी है
फिर भी गुरुर करता है !!!! अरे हम सब यहाँ भिकारी है

जुगनू हाथों में कैद कर!!!! सूरज को छिपाने का सपना सजाता है
हिम्मत तो देख तेरी !!! जिसने कायनात बनायीं तू उसे आंख दिखाता है
सम्हाल जा !!! तेरा गुरुर ही तुझे डुबाएगा
आसमान पर नाम लिखने की चाह रखने वाले !!! कोई तेरा नाम लेने वाला नहीं मिल पायेगा
जीत के नशे में जो झूमे !! उसे भी मिलती शिकस्त करारी है

फिर भी गुरुर करता है !!!! अरे हम सब यहाँ भिकारी है

किसी को पैसों का इंतज़ार होता है
तो कोई प्यार को पाने रोता है
दो सुखी रोटी कोई खा के सोता है
तो मखमली चादर ओढ़े किसी को नींद का इंतज़ार होता है
असल में !!! न कोई बढ़ा न कोई छोटा होता है
दुनिया का उसूल सबके लिए एक ही होता है
फिर क्यों ये जात पात ऊंच नीच की दुनियादारी है
फिर क्यों गुरुर करें !!! हम सब इस दुनिया में भिकारी है

18.

रेशम की तितली सी ज़िन्दगी जीने लगे है हम
किसी और को ख़ुशी देने लालच की लार में खुद को लपेटने लगे है हम
जिस रेशम को ओढ़े वो चैन की नींद सोती है
वो क्या जाने वो रेशम ही उसकी जान लेती है
इस फरेब के रेशम को ओढ़े झूठ की दुनिया में बुनने लगे हम
किसी और को ख़ुशी देने लालच की लार में खुद को क्यों लपेटने लगे है हम

खुद को समझदार समझ ये इंसान ज़िन्दगी झूठ के साये में बीतता है
उसका तो कभी कुछ था ही नहीं ये उसे आखिरी साँस पर समझ आता है
तेरे किए हुए कर्मो का बहीखाता वो तेरे ही नाम से बनाएगा
सोने के पलंग पर सोने तुझे कोई दूसरा ही अंतिम विश्राम तक ले जायेगा
अपनों की मुस्कान के लिए आंसुओं से दूसरों तिजोरी क्यों भरने लगे हम
किसी और को ख़ुशी देने लालच की लार में खुद को क्यों लपेटने लगे है हम

देख इन पत्थरों की चमक तुझे सुकून क्यों सुकून न दे पाती है
दुनियां को लाख दिखाए तू पर तेरी अपनी रूह क्यों मुस्कुरा न पाती है
पकवान से सजे थाल बस रसना को संतुष्ट कर पाती है
झूठ की कमाई की रोटी से तेरी आत्मा तो भूकी ही रह जाती है
क्यों हर रात सुकून की नींद के लिए तू गिड़गिड़ाता है
क्यों इस मखमल की चादर ओढ़े भी तू सो नहीं पाता है
फरेब की काली पट्टी बंधे एक अंधे से कुए में क्यों गिरते चले हम
किसी और को ख़ुशी देने लालच की लार में खुद को क्यों लपेटने लगे है हम

अब चमड़ी के मायने प्यार से ज्यादा हो गए है
साफ मन की कोई औकात नहीं अब उजले तन के दीवाने कई हो गए है
आज हर जतन बस तन को छूने किआ जाता है !!!
अब कहा बचा है कोई जो मन को छु जाता है
खुद को कहते है इंसान !!! एक कीड़े सी ही ज़िन्दगी जीने लगे है हम
किसी और को ख़ुशी देने लालच की लार में खुद को क्यों लपेटने लगे है हम

19.

गिरा हूँ पर टुटा नहीं
मैं फिर अपने पंख फैलाऊंगा
थोड़ा पीछे हटा हूँ क्युकी अब मैं लम्बी छलांग लगाऊंगा
मुसीबतों को अपनी बना अपनी पाल मैं ये दुनियां का समंदर पार कर जाऊंगा
गिरा हूँ पर बिखरा नहीं मैं अपनी पहचान ज़रूर बनाऊंगा।।1

पढ़ता नहीं फरक किसी के आज मुझ पर हसने का
सुन लिए बहुत दुनियां के किस्से अब फरक नहीं किसी के ताने का
वक्त कहा है अभी दुनियां को अपनी बात समझाने का
अभी तो नशा चढ़ा है मुझे अपने सपने सच बनाने का
खुद पर है यकीं मैं दुनिया को अपने आगे झुकाऊँगा
गिरा हूँ पर बिखरा नहीं मैं अपनी पहचान ज़रूर बनाऊंगा।।

वजूद मिटा नहीं है मेरा , चुप देख मुझे जो जमाना इतराता है
ये वो ख़ामोशी है जिससे बाद तूफ़ान अपनी तबाही मचाता है
राख चढ़ा एक अंगार हूँ मैं जो एक हवा के एक झोके से भड़क जाता है
मैं वो सैलाब नहीं जो जो किसी चट्टान से रुक जाता है
हर मुश्किलों की दिवार चीर कर मैं अपना रास्ता बनाऊंगा
गिरा हूँ पर बिखरा नहीं मैं अपनी पहचान ज़रूर बनाऊंगा।।

किस्मत के भरोसे बैठेगा कौन मैं तो खुद अपनी तक़दीर लिख जाऊंगा
दुनियां ने अँधेरे भले ही चला मैं अकेले ,पर दूसरों को मैं रास्ता दिखाऊंगा

सदियों तक याद रहे जो, खुद की ऐसी एक कहानी मैं बनाऊंगा
मेरे ज़ख्मों को नहीं मेरी आँखों के जूनून को देखो
एक दिन अपनी ये लड़ाई मैं ज़रूर जीत कर बताऊंगा
गिरा हूँ पर बिखरा नहीं मैं अपनी पहचान ज़रूर बनाऊंगा।।

20.

कोई किआ मुझे सलाम किसी ने लगाया मुझे गले
कोई झुका मेरे आगे तो कोई सुनता रहा मुझे अपनी सांसो को रोके
आज सब ने देखा मेरे सर का ताज पर मेरे पैर के छाले किसी ने नहीं देखे।।

कोई कहता रहा तुमने बदली दुनिया, किसी ने कहा तुम लाये एक सोच नया
कोई मुझसे मिलने कह दूर से आया, तो कोई अनजान भी मुझसे मिलने
अपनी पहचान ढूँढ लाया
सोचता हूँ कहाँ थे ये सब, जब खाए थे ज़िन्दगी में धोखे
आज सब ने देख मेरे सर का ताज पर मेरे पैर के छाले किसी ने नहीं देखे।।

गिरा था कितनी बार जब लगी थी ठोकर, दर्द हुआ पर क्या फायदा था
अपनी किस्मत पर रोकर
देर से उठा पर उठा ज़रूर अपने ही दम पर, चलता रहा जब तक नहीं पंहुचा
अपने मुकाम पर
आज हर कोई चाहता है वो मुझसे कुछ सीखे, पर सब ने आज भी मेरे ताज
को ही देखा किसी ने मेरे पैर के छाले नहीं देखे।।
मुट्ठी भर थे वो जिनको था मेरे काबिलियत पर भरोसा
कहते, थे जीतूंगा मैं एक दिन कम न होने दू मेरा ज़स्बा
लोगों की भीड़ है आज मेरे सब और,
तख़्त पर काबिज आज हु मैं दुनिया का सरमोर
दूर खड़े बस दो लोगों की आँखों में मैंने आंसू के रेलें देखे,
मेरे माँ बाप ने आज भी मेरा ताज नहीं आज भी मेरे मेरे के छाले देखे।।

21.

वो अपनी ज़िन्दगी कहा बिताना चाहता है की, क्या किसी ने दीपक से पूछा है वो कहा जलना चाहता है
क्या किसी मंदिर में वो सबको अपने आगे झुकाना चाहता है
या वो कही मस्जिद की रौशनी बन बिखर जाना चाहता है
अपनी लौ को वो कहा बुलंद बनाना चाहता है
क्या किसी ने दीपक से पूछा है वो कहा जलना चाहता है। ......

चाहता है क्या वो करे किसी रूप का दीदार
या चाहता है रोशन हो उससे किसी के घरों की दिवार
खुश है क्या वो जब उसकी रौशनी में मने त्यौहार
या वो झूम जाता है देख कर अपने जैसे दीपकों की लढ़ियाँ हज़ार
अपने वजूद को कहा फ़ना करना चाहता है
क्या किसी ने दीपक से पूछा है वो कहा जलना चाहता है।

इस दुनियां में हर तरफ तो छाया है अंधकार
कहा-कहा जाए वो बस यही करता रहता वो विचार
अपनी रौशनी से किस जगह को गुलज़ार
क्या बनू मैं महलों की शान रोशन करू में किसी गरीब का संसार
अपने रौशनी के फूल वो कहा बरसाना चाहता है
क्या किसी ने दीपक से पूछा है वो कहा जलना चाहता है।

पूछा मैंने उससे होले से की तू ही बता तू क्या चाहता है.......बोला वो...

न मंदिर न मज़ीद मुझे जलाओ जहा एक सपूत तिरंगे में लिपट कर वापस आता है

न श्रृंगार, न त्योहार, जलाओ मुझे जहा मेरे देश का भाग्य अँधेरे में पढ़ नहीं पाता है

मत लगाओ लढ़ियाँ हज़ार,मुझे जलाओ वह जहा के अंधेरों से मेरी बेटियों का मन डर जाता जाता है

वो एक छोटा दीपक ज्यादा कुछ नहीं चाहता है

इस वतन की मिट्टी से बना है ना वो , बस वतन के लिए कुछ कर जाना चाहता है

22.

बहुत हुई द्रोपदी सी आद्र पुकार
उठ आर्या अब बना इस खड्ग को तेरा श्रृंगार

तुझे हिन् समझ वो अट्टहास करते अभिमानी
वो मुर्ख क्या जाने , तू है दुर्गा, तू शक्ति , तू ही है भवानी
तेरे तेज को छूने का प्रयास करते है वो अज्ञानी
महादधि को अंजुली में समाने की करते है वो नादानी
इस युग में प्रलय ला सकती है तेरी एक ललकार
उठ आर्या अब बना इस खड्ग को तेरा श्रृंगार

हो माँ का उदर , या हो जीवन का अंतिम प्रहर
तेरे अस्तित्वा की विवेचना पर नहीं हुई तू कभी मुखर
यही समय है.... कंगन छोड़ कर्ण का कवच कर ले धारण
कर संहार उन पापियों का जिसने किया था तेरा तारण
चलने से तेरे डोले ये धरती, न की हो घुंघरू की झंकार
उठ आर्या अब बना इस खड्ग को तेरा श्रृंगार

सृष्टि का अंत है तू , तो तू ही प्रारम्भ है
तेरी प्रतिज्ञा हिमालाय सी , तेरा क्रोध प्रलय का आरम्भ है
साक्षी रहा ये काळचक्र तूने तोड़ा हर आततायी का दम्भ है
जाग जा ज्वाले अब कभी ये धरती पर न सुने तेरी करुण चीत्कार
उठ आर्या अब बना इस खड्ग को तेरा श्रृंगार

स्त्री के शील रक्षा हेतु जहाँ जलती थी पूरी स्वर्ण की लंका वहां बस जल रही यही मोमबत्तियां
आंखे नहीं मिला पाते हम, सुनी आँखें लिए कितने प्रश्न कर रही हमसे हमारी बच्चियां

चीरहरण के प्रयास मात्र ने रक्त रंजीत किआ था कुरुक्षेत्र
आज वो चली गयी शील खो कर चली गयी अपना और हमने मूंद लिए नेत्र

गली गली में देवी की प्रतिमा को चूनर हम ओढ़ाते है
धिक्कार है हम पर हम अपनी बेटी की आबरू नहीं बचा पाते है

शायद न्याय की आशा में उसकी आत्मा कर रही होगी इंतज़ार
यहाँ लोगों की आरोप प्रत्यारोपों सुन कर हम हो रहे है शर्मसार

ज्यादा लिख नहीं पा रहा हाथ आज काँप रहे है हाथ
जब हो रहा थी मानवता शर्मसार हम क्यों नहीं थे हमारी बिटिया के साथ

बस बहुत हुआ !!! अब खुद को जागना होगा , समाज को जगाना होगा
दम तोड़ती मानवता को फिर से हमे बचाना होगा
स्त्री के सम्मान का मोल हर पीढ़ी के इंसान को हमे बताना होगा
भारत माँ के आंचल में फिर से गूंजे बिटियाँ की हसी और किलकारी , हमे वो देश बनाना होगा

23.

मन भरा हुआ और जेब खाली होती थी
आँखों में ग़ुस्सा और जबान पर गाली होती थी
हर सुबह जीत की आस में हम जुट जाते थे
पर शाम होते होते हिम्मत और शरीर दोनों टूट जाते थे

मुस्कराहट से शुरू हुआ दिन भी उदासी लिए आगे बढ़ता था
घरवालों से झूठी हसी चेहरे पर लिए "सब ठीक है" बोलना पढता था
लोगों के तानो के तड़के लगी बातों से भूक मर जाया करती थी
ग़ुस्से को पी कर हमारी प्यास बुझ जाया करती थी

फिर क्या था , जो हम चलते रहे
फिर क्या था, जो हम इस दलदल से निकलते रहे

वो था कुछ यारों का साथ
हाथ में चाय का गिलास
हॉस्टल की छत पे तारों की छाव में दुनियां को गरियाना
कभी एक दूसरे की टांग खींचना तो कभी एक दूसरे को समझाना

कुछ नहीं था ज़िन्दगी में फिर भी सुकून था
हारते थे हर रोज़ पर फिर भी एक दिन जितने का जूनून था
जिन दिनों के सपने देखे थे शायद वो आज हम जी रहे है
पर न है वो हॉस्टल की छत ,न वो यार , सोने के प्याले में रखी चाय अकेले पी रहे है

हम बस उन यादों को साथ लिए आगे बढ़ जायेंगे
क्युकी कितना भी कोशिश करले वो दिन वापस नहीं आएंगे

24.

उत्साह की लहर है चारो ओर गली मोहल्ले सज गए
भावनाओं का प्रचंड वेग है !!! श्री राम मंदिर में विराज गए
गदगद है सब !! ये क्षण अपनी पीढ़ियों को सुनाएंगे
पर !!! श्री राम होंगे प्रसन्न जब उनका चरित्र हम अपने अंदर बसायेंगे

पिता के दिए वचन हेतु त्याग दिया राज्य
न पूछा कोई प्रश्न !! वनवास स्वीकार कर बोले अहोभाग्य !!!
माता-पिता की आज्ञा पालन की ये भावना जब हम स्वयं में जगायेंगे
गदगद होंगे श्री राम !!! जब उनका चरित्र हम अपने अंदर बसायेंगे

कभी खाये शबरी के बेर
केवट को गले लगाने में न की तनिक सी भी देर
धनुष की एक टंकार से ला सकते थे प्रलय
फिर भी सागर समक्ष किआ विनय
विनय ओर प्रेम के ये मूल्य जब हमारे अंदर समायेंगे
गदगद होंगे श्री राम !! जब उनका चरित्र हम अपनाएंगे

सूर्य समान बने वो सूर्यवंशी किया धर्म के प्रकाश का प्रसार
आजानुबाहु में चाप शर लिए भेद दिया जगत में फैला वो पाप का अंधकार
वनो में भटके वनवासी बनकर , भार्या की रक्षा हेतु गए सागर पार
विभीषण को दिया स्वर्ण लंका राज्य किआ दशानन का उद्धार
विनम्रता ओर शौर्य का ये मिश्रण हम स्वयं में दिखाएंगे
गदगद होंगे श्री राम !! जब उनका चरित्र हम अपनाएंगे

सम हो या विषम हर परिस्थिति में जब हम मुस्कुरायेंगे
सत्य के पथ पर जब हमारा जीवन रथ हम अडिगता से चलाएंगे
पूर्णता से नहीं पर किंचित मात्रा भी अगर हम रामचरित्र समझ पाएंगे
सत्य मानो !! हर मनुष्य शरीर होगा मंदिर !! हर एक में राम बस जायेंगे

25.

आसमान घमंड में झूम रहा था
मैं अनंत हूँ !!! इस घमंड में घूम रहा था
उसके अभिमान का वो पर्वत अंदर से हिल गया
उसससे बढ़ा उससे अनंत !!! बच्चे के सर को ढके एक माँ का आंचल जब मिल गया

अट्टहास करता उतंग हिमालय !! अपने दृढ़ता पर खूब इतराया
अपनी हिम्मत का बखान कर अपनी श्रेष्ठता इस दुनिया को दिखाया
उसका ये दम्भ पाताल की गर्त में समाया था
जब देखा एक उसने एक पिता ने अपने मजबूत कन्धों पे अपने बेटे को उठाया था

सागर अपनी समपत्ति देख मुस्कुरा रहा था
अनगिनत रत्नो धनी रत्नाकर कुबेर को आंखें दिखा रहा था
उसका रत्नकोष न्यून सा प्रतीत हुआ
दादी ने जब खोली अपनी पोटली और एक सिक्का मिठाई खाने को दिया

ऊपर वाला अपनी कलम की ताकत विश्व को दिखा रहा था
किसी की किस्मत लिख किसी की मिटा रहा था
अंत में हुआ वो नतमस्तक , देखा एक इंसान उसकी लेखनी को हरा रहा था
ज़िन्दगी अंधेरों में ज्ञान का दीपक लिए एक गुरु अपने छात्रों को पढ़ा रहा था

ये कुछ ऐसे लोग है ये जिनका ऋण हम कभी नहीं चूका पाएंगे
चलो करे कुछ ऐसा की दूर होकर भी , हमारा काम देख वो मुस्कुरायेंगे
चले उस राह पे ऐसे की हमारी सफर की कहानी वो लोगों को सुनाएंगे
एक दिन बने ऐसे जब गर्व से सर उठा के दुनिया को हमसे मिलाएंगे

26.

मिटटी का वो टीला इतरा रहा था
मैं हूँ तुझसे ऊँचा ये ज़मीं को बता रहा था

देख उतंग हिमालय टूट गया उसका अभिमान
अट्टहास करता हिमालय बोला मैं सबसे ऊँचा मैं सबसे महान

तभी हुई व्योम की गर्जना
हे हिमालय !! मुझ आकाश के आगे तेरी ऊंचाई की क्या गणना

थोड़ा समझदार था वो आकाश
बोला विवेक के साथ
कौन है जो जिसने वो ज्ञान पाया है
कौन है वो जो इस अनंत ब्रहांड की ऊंचाई जान पाया है

अब सुनो तुम्हे ये कहानी क्यों सुनानी थी
बस बढ़ते चलो तुम ये बात तुम्हे समझानी थी
जब तक है श्वास , तब तक ये यात्रा चलती है
चलते रहो पथिक !!! अंतिम ऊंचाई किसी को नहीं मिलती

27.

शमशान की उस चुप्पी में भी एक शोर होता है
नश्वरता का प्रमाण हमारे चारों और होता है

मिला दे अगर राख सबकी, तो क्या सम्राट और भिकारी का भेद रह जायेगा
बस यही वो जगह है जहा मृत्युलोक का सत्य समझ आएगा

चिता की उठती लपटें हर किसी का गुरुर जलाती है
जीवन का शाष्वत सत्य मनुष्य को जरूर बताती है

अपनी जीवन यात्रा पूर्ण कर जीव इसकी गोद में चीर निद्रा में सोता है
शमशान की उस चुप्पी में भी एक शोर होता है

28.

रास्ता लम्बा जरूर है तू चलने से घबराना नहीं
वो है तेरे साथ हर कदम कही रुक जाना नहीं
चलना जरूर है तपती रेत पर , इस तपिश से हर जाना नहीं
मेरे हाथों पर पैर रख क चलना तू साथ हु तेरे मैं भूल जाना नहीं
आएंगे तूफ़ान हज़ार पर अपने ख्वाबों की कश्ती को डूबाना नहीं
बनेगा मांझी तेरा ऊपर वाला बस तू अपने भरोसे को गवाना नहीं
लम्बी चढाई है सपनों की तू इस उचाई को देख नहीं लड़खड़ाना नहीं
हाथ हमेशा खुले है उसके इन्हे थामने में कभी हिचकानां नहीं.....

29.

इस सृष्टि में व्याप्त आनंद हूँ मैं
जीव जिसे प्राप्त करना चाहता है वो सच्चिदानन्द हूँ मैं
भक्त जो प्राप्त चाहता है वो ब्रह्मानंद हूँ मैं
पुरे जगत में व्याप्त सर्वानंद हूँ मैं

संपूर्ण सृष्टि का पालक हूँ मैं
सृष्टि चक्र का चालक हूँ मैं
सृष्टि जो विनाश करे वो कपालक हूँ मैं

 संसार का एकमात्र सत्य हूँ मैं
हर जीवन चक्र का गत्य हूँ मैं
हर भक्त में व्याप्त भक्तय हूँ मैं

भीष्म की ललकार हूँ मैं
गांडीव की टंकार हूँ मैं
कृष्णा की वाणी का संचार हूँ मैं

अदि हु मैं और अंत हूँ मैं
इस सृष्टि में हु मैं इस सृष्टि के पर्यन्त भी हूँ मैं
बिंदु हु मैं और अनंत भी हूँ मैं

ब्रह्म हूँ मैं। ...परब्रह्मा हूँ मैं। ....

30.

आर्यावर्त की अधोगति को तुम्हे बचाना होगा
साकेत से बहुत देख लिए राम ,अब तुम्हे वापस आना होगा

देखो तो ज़रा ...आज, गरीब अपनी ईमानदारी पर रो रहा है
सीमा पर किसी अनजान की रक्षा हेतु वीर अपना जीवन खो रहा है
अरे.... कुछ शर्म नहीं बची है हममे, तभी तो अन्नदाता आज भी भूखे पेट सो रहा है
न्याय की गंगा को तेरे चरणों से फिर बहाना होगा
साकेत से बहुत देख लिए राम ,अब तुम्हे वापस आना होगा

सुना है मैंने..., सतीत्व की रक्षा का तुमने प्रण लिआ था
एक स्त्री की शील रक्षा हेतु तुमने सागर बांध लिआ था
देखो...आज यहाँ जल रही हैं कितनी ही भूमिजा होकर लाचार
दस सर नहीं, आज तो हज़ारों सर कर रहे है उस पर व्यभिचार
इन सब की पवित्रता को तुम्हे बचाना होगा
साकेत से बहुत देख लिए राम ,अब तुम्हे वापस आना होगा

इस मिटटी के ज़र्रे ज़र्रे में तेरा अक्स तुझे है फिर महसूस करवाना
बता दे आज सिर्फ एक ज़मीन का टुकड़ा नहीं है तेरा ठिकाना
इस पुकार को अनसुनी कर ऐसे मुझ पर लांछन न लगाना
तुझे तो वापस आकर इतिहास को है दोहराना
मेरे भरोसे का क़र्ज़ तुझे चुकाना होगा
साकेत से बहुत देख लिए राम ,अब तुम्हे वापस आना होगा

देना होगा तुझे इस घुटती मानवता को नया जीवन
करना होगा तुझे फिर तुझे इन अभिमानियों का मान मर्दन
तेरे आने से ही तो होगा सतयुग का पुनरागमन
आज तुझे फिर से रामराज्य लाना होगा
साकेत से बहुत देख लिए राम , अब तुम्हे वापस आना होगा

31.

समय के चक्र में उसकी गाथा कुछ धुंधली सी हो गयी
इतिहास के पन्नों में उर्मिला कही खो सी गयी

वैदेही का ही वो स्वरुप थी
सतित्वा बल में वो भी अनसुइया समरूप थी
सूर्य तेज का वो जिवंत प्रारूप थी
महाकाव्य के सागर से उसकी यश धारा एक सी हो गयी
इतिहास के पन्नों में उर्मिला कही खो सी गयी

शब्द कैसे दे पाएंगे उसकें त्याग को परिभाषा
त्याग दिए थे उसने अपने सुख , छोड़ दि थी अपने गृहस्थ जीवन की हर अभिलाषा
एक बार भी नहीं किआ उसने विरोध, ना की उसने साथ रहने की आशा
जानती थी वो उसका त्याग ही बनेगा लक्ष्मण के वीरगाथा की भाषा
कितनो को मिला यश रामगाथा से पर इसे दुनियां भूल सी गयी
इतिहास के पन्नों में उर्मिला कही खो सी गयी

कहा था उसने... तुम वन जाओ मेरे नाथ
मेरी चिंता न करना.. बस ध्यान रहे अकेले नहीं रहे रघुनाथ
उनकी सेवा है धर्म तुम्हारा हमेशा रहना उनके ही साथ
किआ धारण जैसे धरती तुमने , उसी धैर्य को मैं भी करूंगी आत्मसाद
उसके यशगाथा की लौ कुछ बुझ सी गयी
इतिहास के पन्नों में उर्मिला कही खो सी गयी.

आज के युग को उसका महत्व पहचानना होगा
प्रेम का उदाहरण जो उसने दिए , आज हमे उसे मानना होगा
वो भी पूज्य है उसके त्याग का मूल्य आज हमे जानना होगा
एक महासती की गाथा कही अनसुनी सी हो गयी
इतिहास के पन्नों में उर्मिला कही खो सी गयी

32.

एक वनवासी की माँ के मन में क्या किसी ने झाका था
मेरा एकलौता सपूत हुआ दूर मुझसे क्या किसी ने मेरा दुःख बाटा था

दशरथ के त्याग को युग करेंगे हर पल नमन
पर इस कौशल्या का क्या ,मेरा राम ही तो था मेरा जीवन
एक बार भी नहीं पूछा उन्होंने दे दिया वनवास का वचन
उसकी माँ थी मैं क्या उसको पाने पास रखने का नहीं था मेरा मन
मेरे कमललोचन को मुझसे दूर करते हुए आर्य श्रेष्ठ आपका हृदय क्यों नहीं काँपा था
एक वनवासी की माँ के मन में क्या किसी ने झाका था

भोजन का हर निवाला अपने हाथों से उसे खिलाती थी
नींद न टूट जाए उसकी इसीलिए उसे अपनी गोद में सुलाती थी
जो ज़िद करता था मुझसे वो हर लाढ़ मैं उसे लड़ाती थी
मेरे आँखों की ज्योत था वो हर पल उसे अपने वात्सल्य रस का पान करवाती थी
कैसे रहेगा वन में वो जो आर्यवर्त का होने वाला विधाता था
एक वनवासी की माँ के मन में क्या किसी ने झाका था

पिता के वचन का रखा तुमने मान चिरंजीवी हो मेरे पूत संसार करेगा तुम्हारा गुड़गान
पर क्या तुम्हे कुछ रहा अपनी माता का भान , कैसे रहेगी वो तुम्ही तो थे उसके देह के प्राण

मुझे भी साथ ले चलते अपने नहीं चाहिए था मुझे इन महलों का सम्मान
मुझे तो जाना था वन में जहा था मेरा लाला मेरा राम महान
क्यों किसी ने मेरा राम के रथ को नहीं रोका था
एक वनवासी की माँ के मन में क्या किसी ने झाका था

करूंगी मेरे राम लाला तेरी प्रतीक्षा
इन वर्षों में करूंगी दरशरथ उन वचनों की समीक्षा
मेरे इस त्याग से सांसर को मिलेगी एक शिक्षा
जन कल्याण हेतु कौशल्या ने दे दी संसार को अपने पुत्र की भिक्षा
मेरे दुःख को क्या किसी एक ने भी भापा था
एक वनवासी की माँ के मन में क्या किसी ने झाका था

33.

ज़िम्मेदारियों के बोझ के लिए छोटा हूँ मैं, ऐसे मुझे अकेले छोड़ के न जा
तेरा भाई रो रहा है आज, भाई तू वापस घर आजा

जब जब गिरा था मैं , तेरे हाथों ने मुझे सम्हाला था
मुश्किलों के भवर से तूने ही हर वक़्त मुझे बाहर निकाला था
भूख लगने पर तेरे हाथों ही खाया मैंने पहले निवाला था
तू भाई , तू सखा, तू ही तो मेरे जीवन की पहली पाठशाला था
मुझे अधूरा बना कर ऐसे वन को न जा
तेरा भाई रो रहा है आज, भाई तू वापस घर आजा

तू भाई नहीं, था तू पिता समान
तू मेरा ईश्वर तू ही था मेरा भगवान
कभी सिखाए खेल तूने तो कभी दिए मुझे जीवन दर्शन उपदेश महान
आर्य तुझमे ही तो बसते थे भरत के प्राण
आज अनाथ बना कर ऐसे न मुझसे रूठ जा
तेरा भाई रो रहा है आज, भाई तू वापस घर आजा

तेरे वापस आने का मैं इंतज़ार करूंगा
तेरा ही भाई हूँ , अपनी ज़िद पर अड़ा रहूंगा
तू यहाँ वनवासी बना है , तो मैं वहां अपनी धुनि रमाऊँगा
तेरे खड़ाऊ को साक्षी रख मैं रामराज्य चलाऊंगा
बचपन मैं मेरी हर ज़िद मानी थी तूने, आज ये आखिरी ज़िद मान जा
तेरा भाई रो रहा है आज, भाई तू वापस घर आजा

34.

रामायण की धूरि वो बनी थी उसके दो वचनों ने ही वो महागाथा गढ़ी थी
लोभ और मोह की प्रतिमूर्ति माना जिसे वो तो रामयण की जननी थी
उसके ज़िद ही तो इतिहास का आधार बनी थी ,उसके दो वचनों ने ही वो महागाथा गढ़ी थी

राम को हुआ उसके कारन वनवास पर, राम को यश भी दे गया उसका ये प्रयास
वो न होती क्या क्या होता बालकाण्ड के अगले अध्यायों का विकास न होता सीता हरण न होता रावण का विनाश
नियति ही उसकी ऐसे बनी थी, उसके दो वचनों ने ही वो महागाथा गढ़ी थी

वीरांगना थी वो किआ था उसने भी असुरों का संहार
सामर्थ तो था उसमे, नहीं तो चक्रवर्ती नहीं होता उसके सामने लाचार
संसार की रुरेखा ही पलट गए उसके वो कुंठित विचार
भरत को राजगद्दी और राम को जाना होगा वनो के उस पार
त्रिलोक ने देखा क्या हुआ जब एक आर्या अपनी ज़िद पर अढ़ही थी ,
उसके दो वचनों ने ही वो महागाथा गढ़ी थी

वो न होती क्या राम वन जाता , न कोई स्वर्ण मृग होता न रावण सीता को हर पाता ,
न राम रावण युद्ध होता न कोई संजीवनी लाता
उसी के कारण आर्यावर्त की नयी रुपरेखा बनी थी,
कैकई के दो वचनों ने ही वो महागाथा गढ़ी थी

35.

हुआ क्या होगा उस बाप का जब लाडला वन के लिए निकला होगा
आँखे पथरा गयी होगी जब मखमल वाली देह भगवा ओढ़ लिया होगा।
हुआ क्या होगा उस बाप का जब लाडला वन के लिए निकला होगा

पलकों पर रखा था जिसके पैरों को, कैसे वो तपती रेत चलेगा
पकवानों से सजा था थाल जिसका , पता नहीं कब भर पेट अन्न उसे मिलेगा
सुलाता था जिसे अपनी गोद का तकियाँ बना कर वो मेरा लाल कैसे पत्थर पर सोयेगा
कौन होगा उसके पास जब अकेले में डर कर वो रोयेगा
दिल पसीज गया होगा उसका जब आखिरी बार बेटा उसके गले लगा होगा
हुआ क्या होगा उस बाप का जब लाडला वन के लिए निकला होगा।

जीता था संसार मैंने पर आज अपनों के हाथों हार गया वो
औरों के लिए सम्राट था पर एक बूढ़ा पिता समान लाचार था वो
आज सबकुछ खो कर भी बस लाल को रोकने का मन किआ होगा
हुआ क्या होगा उस बाप का जब लाडला वन के लिए निकला होगा

रोक लू इसे यही बस करता होगा मन, बदल दू काल चक्र को कोई नहीं लगाए उसके लाल पर लांछन
भिखारी हो गया वो आज जिसके पास था कुबेर सामान धन
उसके लिए मूल्यहीन हो गया होगा ईश्वर का दिए ये जीवन
लाल के वियोग की ज्वाला में ही उसने अपना जीवन त्याग दिया होगा
हुआ क्या होगा उस बाप का जब लाडला वन के लिए निकला होगा

36.

एक दिन हिम्मत कर उसने अपनी लज्जा त्यागी थी
दुनियां क्या जाने पाप को मारने ही वैदेही ने रेखा लाँघि थी

दी उसने जोर से पुकार, कहा हो पुरषोत्तम मेरे, आओ खत्म करो ये अत्याचार
अकेली थी वो पर सिंह गर्जना थी उसकी ललकार ,मैं आयी हूँ यहाँ मुर्ख करने तेरा ही संहार
अंत के आरम्भ के लिए ही वो शक्ति जागी थी , स्त्री का मान रखने ही वैदेही ने रेखा लाँघि थी।

कोई क्या उसकी पवित्रता पर लांछन लगाएगा, अग्नि तो वो स्वयं है कोई क्या उसकी गरिमा मिटायेगा
सूर्य का प्रकाश है वो कोई क्या उसका अस्तित्व छुपायेगा , पवन का वेग वह कोई क्या उसपर विराम लगाएगा
एक सत्ता की को चुनौती देने ही वह अपने हद से आगे भागी थी , युग का नया अध्याय लिखने ही वैदेही ने रेखा लाँघि थी

बनी थी वो ज्वाला जिसको समझा था चन्दन ,उसी ज्वाला में तप कर उसका अस्तित्व हुआ था कुंदन
भूत ने किआ उसका वंदन , भविष्य भी करते रहेगा उसका अभिनन्दन
भय से मुक्ति दिलाने ही वो कालरात्री जागी थी
दुनियां क्या जाने पाप को मारने ही वैदेही ने रेखा लाँघि थी

37.

मैंने किआ था एक सती का अपहरण, जला दो मुझे मैंने किआ था वैदेही हरण
जानता हूँ संसार ने करता रहेगा मेरा तिरस्कार, क्युकी उस अबला पर किए थे मैंने अत्याचार
पुरषोत्तम पर विजय का किआ था जो मैंने विचार, अंत में मुझे सबकुछ खो कर पराजय को करना पढ़ा स्वीकार
लोभ और पाप से भर गया था मेरा जीवन, जला दो मुझे मैंने किआ था वैदेही हरण

शिव की शक्ति थी मेरे पास, पर भक्ति नहीं मन में हो गया था दम्भ का वास
अपने विनाश का था मुझे आभास, पर एक मनुष्य से पराजय पर नहीं था मुझे विश्वास
मेरे अभिमान ने मलिन कर दिए था मेरा मन , जला दो मुझे मैंने किआ था वैदेही हरण

जलाते हो मुझे मैं तो सिर्फ एक स्त्री का हरण किआ था, मर्याद थी तब भी मैंने उसे नहीं छुआ था
तुम जवाब दो तुम्हारे युग में उन मासूमो का शील भंग क्यों हुआ था, तुम तो शौर्यवान हो तो क्यों तुम्हारी बेटियों के सम्मान को किसी पिपासु ने छुआ था
नहीं रहना ऐसे युग में जहा हो रहा है वासना और लोभ का ये नग्न प्रदर्शन, जला दो मुझे मैंने किआ था वैदेही हरण

आज ये देख कर ये लंकापति है हैरान , जला रहा है मुझे वो जो मुझसे बढ़ा है शैतान

आज हो गया है मेरा मन म्लान देख कर ये राम के घर में हो रहा है वैदेही का अपमान
करो कुछ तो अपने अंतर्मन का मंथन ,अगर कोई राम है यहाँ तो जला दो मुझे मैंने किआ था वैदेही हरण

www.ingramcontent.com/pod-product-compliance
Lightning Source LLC
LaVergne TN
LVHW041633070526
838199LV00052B/3342